AF250635

DE
L'ORGANISATION
DU TRAVAIL

PAR

UN MEILLEUR SYSTÈME DE CRÉDIT.

PARIS
LIBRAIRIE DE GUILLAUMIN ET Cᵉ,
Rue Richelieu, 14.

1848

Imprimerie de HENNUYER et Cᵉ, rue Lemercier, 24. Batignolles.

A M. le Rédacteur en chef du *Journal des Débats.*

MONSIEUR LE RÉDACTEUR,

Dans le *Journal des Débats* du 11 mai dernier, je viens de lire une lettre de M. G. Dailly, contenant le projet d'une banque hypothécaire; il n'y avait que quelques jours que j'avais publié une brochure sur la même question. Quand des hommes de différents pays, et vivant dans des conditions diverses, viennent à proposer presque au même moment quelque mesure d'utilité publique, c'est presque une preuve que la société est intéressée au sujet. Voilà pourquoi je n'ai pas reculé devant les difficultés de traduire mon propre ouvrage, dans l'espérance que vous voudrez bien lui donner une place dans votre journal. Ce que vous allez lire a beaucoup de rapports avec le projet de M. Dailly, mais contient, en outre, les bases scientifiques sur lesquelles il repose; sans ces bases, il n'y aurait pas de preuve, et par conséquent aucun espoir pour l'application du système. Dans la ferme conviction que la tranquillité publique, la prospérité des États et la vraie liberté sont désormais impossibles tant qu'on ne se sera pas éclairé sur ses véritables intérêts, j'ai pensé qu'il ne serait peut-être pas inutile de les présenter sous un nouveau point de vue.

J'ai l'honneur d'être, avec la plus parfaite considération,

Votre dévoué serviteur,

JOHAN C. BIJLEVELD, avocat.

Amsterdam, ce 18 mai 1848.

« Quoi ! il faut conquérir le pouvoir, sauf à se rendre compte plus tard de ce qu'on en doit faire ! Quoi ! il faut se mettre en route avant d'avoir fixé le point qu'il s'agit d'atteindre !... Ne perdons jamais de vue ni le moyen ni le but ; et, loin d'éviter la discussion des théories sociales, provoquons-la autant qu'il sera en nous, afin de n'être pas pris au dépourvu, et de pouvoir diriger la force quand elle nous sera donnée... N'acceptons pas aveuglément tout ce que des esprits légers nous donneraient comme autant d'oracles ; et cherchons la vérité avec lenteur, avec prudence, avec défiance même... La violence n'est à redouter que là où la discussion n'est point permise. L'ordre n'a pas de meilleur bouclier que l'étude. Grâce au Ciel, le peuple comprend aujourd'hui que, si la colère châtie quelquefois le mal, elle est impuissante à produire le bien ; qu'une impatience aveugle et farouche ne ferait qu'entasser des ruines sous lesquelles périrait étouffée la semence des idées de justice et d'amour. Il ne s'agit donc pas de déplacer la richesse, il s'agit de l'universaliser en la fécondant. »

(Louis Blanc, *Organisation du travail*, dans l'Introduction.)

DE
L'ORGANISATION DU TRAVAIL

PAR UN MEILLEUR SYSTÈME DE CRÉDIT.

Deux forces concourent à la formation des richesses : le capital et le travail. Plus le capital devient facile à manier, par les inventions ingénieuses de l'esprit humain, et moins on a besoin du travail des hommes. Le capital s'augmente, mais pas dans la même proportion que l'économie du travail ; de sorte qu'à la fin, dans la même progression, quand on se figure tous les capitaux employés à la production, il ne faudrait pas s'imaginer qu'on aurait en même temps besoin du travail de tous les hommes. Peut-être qu'il se formerait plus de produits qu'il n'en faudrait pour l'entretien de tous, mais leur partage se ferait entre le petit nombre. Le capitaliste récolterait les plus forts intérêts de son capital ; l'ouvrier, assez heureux pour trouver du travail, en tirerait un modique salaire ; mais tous ceux qui n'auraient pas de capital, et dont le travail serait devenu superflu, ne pourraient se procurer par eux-mêmes de quoi pourvoir à leur subsistance.

C'est ici que se trouve le grand problème dont on cherche à trouver la solution en France, dans un temps peu propre, du reste, au développement de l'industrie ; mais qu'on ne parviendra à résoudre qu'après que la science, par une recherche calme et respectueuse, aura appris à discerner les lois éternelles que Dieu a posées, lorsqu'il créa le monde matériel pour l'utilité de tous les hommes.

On prétend organiser le travail ; mais on n'a pas assez réfléchi, non-seulement que par une secousse violente les fruits du travail se perdent, mais encore qu'on ne pourra jamais contribuer à son développement, tant qu'on aura méconnu les lois naturelles qui le régissent.

Il se peut que plus tard, quand il se trouvera des mains sans travail, on parvienne à distribuer les richesses selon d'autres règles que celles du *strictum jus* de nos jours, parce qu'alors les capitalistes se trouveront jouir d'un vrai monopole ; mais cette situation de la société n'existera pas avant bien des siècles. De notre temps, il est vrai, il y a beaucoup de localités où le capital est rare en raison de la quantité des travailleurs, de sorte que ce capital devient cher, comme toute denrée dont la demande excède la quantité offerte ; mais dans d'autres endroits, au contraire, le travail est rare en raison du capital, et par cela même dans la condition de pouvoir exiger des prix élevés. Beaucoup de capitaux ne produisent aucun intérêt, parce qu'ils ne sont pas mis en œuvre ; et, par conséquent, il y a encore assez à faire dans l'industrie pour que chaque ouvrier puisse trouver une occasion de suffire à ses besoins par le produit de son travail. Car il ne faut pas oublier que quand une fabrique, par une trop grande concurrence, ne peut plus payer un salaire suffisant à ses ouvriers, il n'en résulte pas qu'on produit trop en général, mais qu'on emploie trop de forces sur un seul point et qu'on fabrique trop d'une seule espèce de matières.

S'il est vrai qu'il y ait encore assez de capitaux qui n'attendent que la main-d'œuvre pour être en état de produire, et qu'on se plaigne cependant qu'il n'y ait plus de travail pour la classe ouvrière, une idée toute naturelle se présente à notre esprit, c'est que la source du mal est ailleurs, et qu'il ne faut plus nous donner des palliatifs dont les fâcheux résultats se sont déjà fait sentir.

C'est une bien grave question que celle qui est si intimement liée à l'intérêt de tous, surtout dans un temps où l'on s'est mis en route avant de s'être rendu compte par quels moyens on atteindrait le but ; où, dans son impatience, on a commencé par tout renverser, pour venir ensuite, les armes à la main, demander à l'intelligence des moyens de réédification.

La question de savoir comment on viendra à l'aide de l'industrie si gravement compromise, demande une prompte solution : tout le monde est d'accord là-dessus. A cela même, il est du devoir de tout citoyen d'y contribuer pour sa part, si c'est possible, sans considérer si les matériaux qu'il apporte seront d'une assez grande utilité pour pouvoir lui rapporter quelque honneur. C'est dans cette conviction que je me suis hasardé à publier ces lignes, dont j'abandonnerai volontiers le développement à une main plus habile que la mienne.

Lorsqu'une fois on est d'accord sur ce point, que la fâcheuse position de la classe ouvrière ne provient pas de ce qu'il n'y a plus de capitaux à employer à la production, et qu'on se rappelle que leur mise en œuvre devrait profiter au capitaliste lui-même, on en viendra facilement à mettre en doute s'il existe réellement assez d'occasions, pour le capital et le travail, de se rencontrer et de se trouver ensemble aux points où les plus grands profits pourraient résulter de leur action réunie.

Mais, dira-t-on peut-être, on ne se plaint pas seulement de ce qu'il n'y a pas assez de travail, mais aussi de ce que le capitaliste fait un trop grand bénéfice aux dépens de l'ouvrier. Eh bien ! sitôt qu'on aura réussi à donner aux deux éléments de l'industrie toutes les occasions de se rencontrer avec facilité, non-seulement on ne pourra plus se plaindre du manque de travail, mais en même temps leur offre et leur demande simultanées rétabliront l'équilibre, et serviront à répartir les produits dans une proportion équitable et vraie. Par là, on aura une organisation du travail ne reposant pas sur des règlements arbitraires, que l'on mettrait aux voix, mais sur les lois qui découlent de la nature même du travail.

Pour parvenir à ce but tant désiré, il faut surtout rechercher les moyens de donner au capital une circulation facile et pour ainsi dire la propriété d'un fluide, afin qu'il puisse partout s'introduire comme aliment du travail.

C'est là que nous allons porter nos investigations.

Pour que les biens territoriaux soient toujours à la disposition du propriétaire, qui voudrait s'en servir pour subvenir à ses besoins, ou bien pour les employer à une nouvelle production, il est nécessaire qu'on puisse les échanger. C'est par l'échange qu'ils sont transportés dans les localités où, pour l'un ou l'autre usage, ils pourront rendre le plus de services.

L'échange en nature étant presque toujours impossible, on a dû créer un produit spécialement destiné à remplir cet office, *la monnaie*, qui possède les qualités de pouvoir être divisée, d'être assez aisément transportée, et qui, en même temps, donne une garantie suffisante par sa valeur intrinsèque.

Quoique par ses diverses qualités la monnaie réponde parfaitement à sa destination, elle a le grand défaut d'être très-coûteuse ; car, pendant qu'elle sert à l'échange, elle est nécessairement retirée du monde productif comme capital ; de sorte qu'elle ne peut produire aucun intérêt.

Ceci pourrait paraître étrange à ceux qui, dans la vie commune, entendent toujours dire *intérêt de l'argent*, au lieu d'*intérêt du capital*; mais il sera facile de les convaincre en leur faisant observer que celui qui désire tirer de l'intérêt de son argent, doit commencer par s'en dessaisir. C'est ainsi que la société fut obligée de mettre à part une partie de son capital, pour que les autres parties pussent circuler. Le dommage qui en résulta se fit peu sentir tant que l'industrie ne s'exerça que dans une sphère étroite ; mais sitôt qu'elle commença à se développer, le besoin de remédier à cet inconvénient augmenta dans une telle proportion, que la création du crédit devint nécessaire.

Le crédit n'est que la confiance qu'on met dans une personne ayant assez de capital fixe, mais qui, pour le moment, manque de capital disponible. On croit sans danger pouvoir lui faire crédit, parce que ce qu'elle possède, quoique moins propre à un échange immédiat, la mettra plus tard à même de satisfaire à ses engagements. Par cette confiance, le capital fixe acquiert la propriété du capital disponible ou mobile, ce qui fait que son propriétaire est mis en état de se procurer d'autres capitaux, qu'il pourra de nouveau faire fructifier par son travail.

On n'augmentera pas les capitaux de cette manière, mais on augmentera leur force productive, en leur donnant la faculté de se mouvoir facilement.

Quand on eut ainsi trouvé le moyen de faire circuler le capital sans l'intervention d'un procédé d'échange coûteux, que de grands résultats ne furent pas obtenus! Un développement de l'industrie, tel que l'imagination la plus hardie n'aurait osé se le figurer, en devint la conséquence. On commença alors à chercher les moyens d'étendre autant que possible l'action si salutaire du crédit. Partout on organisa des banques pour faciliter la circulation; et ce fut dans les Etats où les institutions de crédit avaient été le mieux réglées, que se manifestèrent les plus grandes merveilles de l'industrie.

Quand nous parlons ici de crédit, nous n'entendons pas le crédit résultant de la relation entre deux personnes; mais le crédit qui, fondé sur quelques règles de garantie, existe pour tout le monde en général. Un individu peut avoir assez de confiance dans un autre, qu'il connaitra de près, pour lui céder, pour un temps donné, son capital disponible, quoique celui-ci ne possède pas de capital fixe comme garantie, parce que le prêteur est en mesure de savoir si celui auquel il fait crédit possède les talents et la bonne foi nécessaires pour faire fructifier le capital et le lui rendre. Mais le crédit public, ne pouvant reposer que sur des garanties réelles, a des limites plus étroites, qu'on ne saurait franchir sans danger. Dès qu'on ne le fait plus servir seulement à la mobilisation d'un capital existant, et qu'on s'en sert pour bâtir sur une espérance qui pourra ne pas se réaliser, cet abus du crédit peut être la cause de grands désastres, comme une douloureuse expérience l'a appris tant de fois. Voilà pourquoi le crédit doit toujours avoir pour base des valeurs réelles, et se contenter de les faire concourir à la circulation. Car tant que la confiance ne repose pas sur un fondement solide, elle est sujette à disparaître tout à coup; — et qu'est-ce qui en résulte ?

L'industrie, qui, grâce au crédit, s'est si bien développée, que tout le numéraire ne pourrait faire face à la centième partie de ses engagements, est brusquement arrêtée dans son élan. Les prix baissent, parce que chacun, pour se libérer, a besoin d'un moyen d'échange, qu'on ne peut plus trouver que dans l'argent; l'argent ne pouvant plus rendre tant de services qui lui sont demandés à la fois, se resserre entre les mains du petit nombre, et s'élève dès lors à un prix tellement exorbitant, que les détenteurs de tous les autres capitaux se trouvent écrasés sous des pertes énormes.

Il faut donc, de notre temps, non-seulement tâcher de faciliter la circulation, pour que la production s'accroisse et que les revenus soient plus équitablement répartis ; mais il faut en même temps mettre le crédit à l'épreuve de ces secousses, qui se classent parmi les plus grands désastres sociaux.

———

Quand on cherche à établir un meilleur système de crédit, on n'a qu'à se rappeler ce que nous venons de dire, pour se convaincre qu'il n'y a pour remède qu'un moyen d'échange possédant tous les avantages de l'argent, sans en avoir les inconvénients onéreux. Il suit de là qu'on ne saurait faire de projet qui ne fût sujet à des difficultés d'exécution ; mais il n'y a que celui qui méconnaît la nécessité du remède, qui se laissera intimider par ces difficultés, sans avoir mûrement réfléchi s'il est désormais impossible de les vaincre. Nous espérons qu'on ne les perdra pas de vue dans l'appréciation du système que nous allons établir.

Ce système, le voici. L'Etat émettrait des billets divisés comme les *billets de monnaie* [1], mais sans cours forcé et donnant un intérêt ; ces billets seraient donnés contre hypothèque sur des fonds de terre ou bâtiments à un intérêt de 4 pour 100 l'an.

Les propriétaires d'immeubles, qui, dans ce temps, ne sauraient les vendre, du moins non sans grande perte, et qui ne peuvent même que très-difficilement emprunter sur hypothèque, seraient à même de se procurer un moyen d'échange, qui leur viendrait bien à propos ; l'Etat, qui n'intervient ici que comme administrateur, retiendrait, par exemple, 3 et demi par 1,000 sur les intérêts, pour faire face aux frais de bureau, tandis que, pour le détenteur des billets, en prenant pour base un intérêt de 4 pour 100, il resterait 3,65 pour 100 d'intérêt.

On aurait donc ainsi un moyen d'échanger les marchandises, sans intermédiaire coûteux ; un moyen de circulation ayant pour base des capitaux fixes, et susceptible d'être assez multiplié pour suffire à tous les besoins de l'industrie.

[1] Par la loi du 18 décembre 1845, il fut créé en Hollande des billets pour faciliter la refonte des monnaies ; ces billets, ayant leur garantie dans les valeurs qu'on refondait, furent divisés en billets de 500, 100, 20, 10 et 5 florins, et eurent un cours légal.

Nous n'aurons pas besoin de prouver que ces *billets de crédit* pourraient être divisés et transportés, comme le moyen d'échange qu'ils seraient tenus de remplacer, et que les frais d'administration seraient remboursés par la retenue sur les intérêts, dès que ce moyen serait exécuté sur une grande échelle. Nous n'aurons donc qu'à rechercher si ces billets présenteraient en même temps la garantie nécessaire.

Nous avons dit plus haut que le crédit ne doit servir qu'à mobiliser, pour ainsi dire, un capital fixe ; qu'il ne doit jamais reposer sur une confiance chancelante, mais toujours sur des valeurs véritables. On ne niera pas, en général, que le moyen proposé est conforme à ce principe ; mais peut-être nous fera-t-on les objections suivantes : il y a des cas où les valeurs formant la garantie des billets, peuvent être anéanties ; les immeubles hypothéqués seront sujets à la baisse et éprouveront des dégradations ; — en tant que les hypothèques se trouveront inscrites sur des bâtiments, on aura le danger d'incendie ; — et surtout, on ne pourra pas, comme avec les billets de banque, à tout moment échanger ses billets contre de l'argent. Nous croyons cependant qu'on pourrait résoudre ces difficultés à l'aide de certains règlements. Nous en proposerons quelques-uns, comme exemple, qu'on pourrait développer plus tard.

En premier lieu, il ne faudrait émettre des billets que sur première hypothèque et jusqu'à moitié de la valeur de l'immeuble. Ensuite, ayant égard à ce que les capitaux servant de garantie à un moyen d'échange doivent en avoir les principales propriétés, on n'hypothéquerait que les valeurs ne dépendant pas trop des circonstances, et n'ayant pas de destination exclusive ; telles que, par exemple, un bâtiment servant à une exploitation industrielle, qui ne pourrait que très-rarement servir à cette fin, puisque, dans la plupart des cas, la valeur du bâtiment est tellement liée à la fabrique, qu'elle ne subsisterait plus du moment qu'on voudrait l'approprier à un autre usage.

Quoique ceci puisse paraître moins favorable au fabricant, qui désirerait se servir de ce moyen pour agrandir sa fabrique, l'institution y gagnera en garantie, et le fabricant trouvera facilement des capitaux à emprunter d'une autre manière, quand par la suite de l'émission des *billets de crédit*, le moyen d'échange sera devenu plus abondant et moins cher. On devrait statuer aussi, que quand l'immeuble sera réduit à une valeur déterminée, on pourra obliger le propriétaire à une restitution partielle ou totale de ses billets; ce qui, cependant, ne pourrait avoir lieu que dans les circonstances et après les sommations arrêtées par la loi, pour que le débiteur soit en état de prendre des mesures en conséquence.

Pour le cas d'incendie, d'autres règles seraient nécessaires. A cette fin, il faudrait joindre à l'institution une assurance mutuelle, jusqu'à concurrence des valeurs inscrites, de sorte que si une partie de la garantie périssait par cause d'incendie, tous les propriétaires des bâtiments inscrits seraient tenus de supporter une part proportionnelle dans la perte, ce qui permettrait de rayer du registre le gage incendié.

Pour ce qui regarde l'objection, que les billets ne sont pas propres à être échangés contre de l'argent au moment désiré, il faut considérer dans quelles circonstances on désire opérer cet échange avec les institutions de crédit actuelles. Ceci n'aura lieu qu'au moment où l'on craindra que la garantie ne soit plus suffisante; ce désir ne sera donc pas manifesté, quand on aura eu soin, par une bonne loi, d'assurer à tout jamais une garantie du double de la valeur.

Mais il y a, en outre, un moyen de réaliser ces billets, parce que leur prix ne saurait baisser, sans qu'il y ait immédiatement un avantage pour les propriétaires des immeubles hypothéqués de les acheter, afin de libérer leurs biens.

Ceci nous conduit à la pensée que le contraire pourrait avoir lieu; la valeur des billets pourrait monter. La conséquence en serait que les propriétaires payeraient un intérêt disproportionné, parce que la hausse proviendrait d'un intérêt généralement plus bas, à la suite d'une grande abondance du moyen d'échange; de sorte qu'il y aurait avantage à placer son capital dans un billet rapportant 3.65 pour 100. Les propriétaires seraient donc obligés de continuer à payer l'intérêt primitivement constitué, ou bien de se libérer à perte, parce qu'ils ne pourraient se procurer les billets qu'à un prix élevé. Mais on pourrait y pourvoir en statuant que l'intérêt serait réglé à des époques déterminées, par une Commission d'hommes de confiance, pour le maintenir toujours en proportion avec l'intérêt du capital en général; ce qui, du reste, ne donnerait pas de grandes difficultés, parce que si, par exemple, un billet de 100 florins était monté à fl. 125, on n'aurait qu'à fixer l'intérêt à fl. 3.20, au lieu de fl. 4, pour rétablir la proportion désirée.

Une autre difficulté consisterait dans le règlement d'une administration simple et peu dispendieuse.

Elle se divise : dans l'estimation des immeubles, et tout ce qui y a rapport; et il serait de grande importance de choisir à cet effet des personnes capables et bien pénétrées de l'esprit d'une pareille institution. Vient ensuite l'inscription des hypothèques d'une manière sûre et simple. Leur radiation se ferait très-facilement, puisqu'on n'aurait qu'à rendre une pareille somme en billets, pour qu'elle pût se faire en les anéantissant; mais il faut remarquer ici, qu'on ne pourrait jamais rayer une inscription contre de l'argent, parce que ceci ne constituerait qu'un emprunt de l'Etat à un intérêt trop élevé. Une autre partie de l'administration consiste à recevoir et distribuer les intérêts. La première de ces opérations devrait précéder la seconde de trois ou de six mois, parce que l'Etat ne peut pas faire l'avance des intérêts. Au cas où l'on manquerait de payer l'intérêt à l'époque déterminée, l'Etat serait en droit de procéder immédiatement à la vente de l'immeuble. Pour la distribution des intérêts dans une juste proportion entre les divers détenteurs, il se trouverait, du reste, aisément des agents de change, ou bien il se formerait des institutions particulières, comme on en a trouvé à l'usage des autres systèmes de crédit.

D'autres règlements pourraient être proposés pour donner à l'institution une confiance qui seule peut la rendre possible. Mais surtout il serait de première nécessité de ne la considérer que sous le point de vue d'utilité publique, pour qu'elle ne pût jamais dégénérer en une source de revenus pour l'Etat. L'Etat n'est que l'administrateur qui doit avoir soin que les règles de sûreté soient exactement suivies, et qui, par cela même, doit être le garant du payement des intérêts. Pour ses frais, il en retient une petite part, qu'on devrait réduire au besoin, afin que l'industrie ne fût grevée d'aucune charge qui ne serait pas strictement nécessaire.

Afin de pourvoir à l'exécution de toutes ces règles, il faudrait organiser l'institution par une bonne loi qui préviendrait toute crainte de manque de prudence ou de bonne foi.

Après avoir eu soin, de cette manière, de donner aux billets un gage suffisant, on pourrait peut-être, sans injustice, exiger qu'on leur attribuât le titre de moyen d'échange légal ; mais qu'on ne perde pas de vue que le crédit n'est jamais qu'une marque de confiance qu'on ne peut se procurer par la force ; de sorte qu'une loi fixerait inutilement le prix du nouveau moyen d'échange, tandis que la confiance ne manquera pas de venir dès qu'on n'aura pas de mauvaises chances à craindre.

Cette confiance une fois acquise, il y aurait moins de dangers à admettre les billets de crédit comme moyen de payement légal, pour le cas où l'on craindrait que les possesseurs d'un argent devenu plus rare, ne voulussent profiter d'un monopole pour exiger de leurs débiteurs un payement en espèces, ce qui, même de nos jours, est impossible dans un moment de crise. Nous croyons cependant qu'une telle crise n'existera pas facilement, là où le crédit ne repose que sur des valeurs véritables.

Nous finirons par énumérer les avantages qui, à notre avis, découleraient du système proposé, dans la confiance que cela pourra servir d'encouragement à ceux qui voudront essayer de vaincre les difficultés qui se rattachent à une question si importante.

Quand on comparera notre système avec les institutions de crédit actuelles, on reconnaîtra : que, parce que dans ces institutions la confiance ne repose pas toujours sur des valeurs véritables, elles sont sujettes à être paralysées dans les temps de crise, ce qu'on n'aurait pas à craindre dans notre système, présentant toujours un gage assuré ; — que, tandis que les banques peuvent perdre leur gage en temps de guerre ou d'émeute, ici on ne courrait que le risque de perdre quelque terme de son intérêt ; — que, pendant que d'autres institutions courent un danger immédiat en émettant trop de billets, ici le moyen d'échange pourra toujours contrebalancer le besoin, parce qu'on n'empruntera jamais de billets, si on ne voit un avantage dans leur placement, et qu'on s'en servira pour faire rayer l'inscription, sitôt qu'ils baisseront par suite d'une trop grande abondance.

En dehors de l'avantage résultant de l'économie sur le moyen d'échange dont nous avons parlé plus haut, un autre très-grand serait celui de maintenir sans danger dans la circulation autant de capital disponible qu'il en faudrait à l'industrie ; et par cela même les possesseurs du moyen d'échange ne pourraient jamais exiger un intérêt trop élevé.

L'heureuse influence d'un faible intérêt sur le développement de l'industrie est généralement connue. L'abondance de capital disponible aurait pour conséquence, que bientôt on ne se plaindrait plus du manque de travail. Le capital chercherait partout à s'unir au travail, là où il pourrait être employé avec le plus d'avantage. Le propriétaire, au moyen de son propre fonds, pourrait se procurer les capitaux nécessaires pour faire des améliorations. L'industriel ne possédant pas de capital par lui-même et ne pouvant s'en procurer que là où on le connaît assez pour pouvoir lui confier sans crainte la somme dont il a besoin, trouverait plus aisément des personnes pour lui venir en aide. L'extension du crédit, comme nous l'avons déjà remarqué, rétablit l'équilibre, autant entre le capital et le travail, qu'entre le capital fixe et le capital disponible ; le système proposé amènerait en même temps une plus juste proportion entre le grand et le petit capitaliste. Si celui-ci, au lieu de garder une petite somme d'argent, mettait de côté un billet de crédit, il aurait à domicile la caisse d'épargne la plus sûre, dont les intérêts seraient fournis par l'économie sur le moyen d'échange.

On placerait les capitaux d'une manière bien plus sûre dans les *billets de crédit* que dans toutes sortes de fonds publics, donnant d'autant moins de garantie, que le capital emprunté a presque toujours été consommé improductivement.

Tant à cause de l'intérêt peu élevé des billets, que par leur peu de fluctuation, qui ne pourrait donner lieu à l'agiotage, on s'aviserait plus souvent de faire valoir ses capitaux dans des entreprises industrielles, où, réunis au travail, ils pourraient rapporter de plus grands profits.

Pour l'Etat, on verrait peut-être une perte dans l'adoption

de notre système, parce qu'il ne percevrait plus de droits d'hypothèque; mais on réfléchira que son intérêt est trop intimement lié à celui des particuliers, pour pouvoir faire penser à des intérêts opposés; tandis qu'une baisse de l'intérêt général pourrait en outre donner lieu à une réduction des rentes constituées à un intérêt plus fort.

Tous ces avantages ne pourraient-ils nous engager à faire un effort pour parvenir à cet heureux résultat?

Quel temps est plus propre à nous conduire à faire quelques tentatives pour l'amélioration du crédit public? En se contentant de déplorer le malheureux état de choses où nous nous trouvons, on ne négligerait pas seulement des avantages, mais on pourrait faire même des pertes plus grandes que celles qu'on vient d'essuyer, tandis qu'on ferait tarir la source qui seule peut nous rendre nos forces. Le prix, non-seulement des fonds publics, mais de tous les biens sans exception, ne se relèvera qu'avec le crédit; sans lui l'industrie ne pourra se livrer à son activité, et les finances de l'Etat en ressentiront les fâcheux effets, parce que les revenus publics n'ont d'autre source que ceux des particuliers.

Des raisons aussi graves ne sont-elles pas de nature à faire réfléchir, et après avoir sondé le mal, n'y a-t-il pas lieu de songer sérieusement à l'application de quelque remède?

Eu égard à l'urgence de ce remède, nous avons pensé ne pas devoir différer de soumettre ces considérations au jugement du public. Ce que nous proposons a du moins cela de bon, qu'on ne pourra jamais rien mettre à exécution contre le gré des intéressés, de sorte que l'application ne pourra avoir lieu qu'après qu'on se sera convaincu qu'il y a vraiment lieu à la confiance. Qu'on ne voie dans ces lignes que le désir d'être de quelque utilité dans ces jours d'alarme générale; et lors même qu'on rejetterait entièrement notre système, nous croirions avoir réussi, si ces lignes pouvaient faire naître la pensée d'en présenter un meilleur.

FIN.

* 9 7 8 2 0 1 2 9 6 6 7 6 5 *